イラスト図解

境界知能&グレーゾーンの子どもの育て方

宮口幸治 著

扶桑社

はじめに

本書は、既刊シリーズ『境界知能とグレーゾーンの子どもたち（第1～5巻）』（扶桑社）の以下の2冊、

・第1巻（教育編-1）：学校現場で出会いそうな課題をもった16人の子どもたちを対象にその背景と社会面からの支援を紹介

・第2巻（教育編-2）：4人の子どもに対する学習面、身体面の理解と支援を紹介。さらにある一児童への事例検討会を通して1巻からの内容を振り返る。

（他巻は第3巻：司法編、第4巻：福祉編、第5巻：医療編）

にコミックとして収録されている16ケース（第1巻）、4ケース（第2巻）の計20ケースについて、各ケースの概要と具体的な対策を、再度整理し直しイラストを使ってわかりやすく解説したものです。

いずれも学校の教育相談で出会った境界知能や発達障害グレーゾーンが背景にある子どもたちで先生方や保護者の方が対応に苦慮されていたケースを、類型化して集約したものが元になっています。みなさまの目の前の困っている子どもたちはこの20ケースのどれか、もしくは複数に当てはまるかもしれません。その際、彼らをどう理解してその気持ちに寄り添い、具体的にどのようにサポートしていけばいいか、本書がヒントになれば幸いです。

立命館大学教授・（一社）日本COG-TR学会代表理事・児童精神科医　宮口幸治

イラスト図解 境界知能&グレーゾーンの子どもの育て方

「境界知能」や「グレーゾーン」って何？

困っている子どもたちが抱える「3つの問題」

感情のコントロールができない、授業についていけない、手先がうまく使えない……。

ご家庭や教育現場で、そうしたさまざまな問題を抱えて困っている子どもたちに対して、どう対応したらいいかを思い悩む保護者の方が増えているように感じます。

困っている子どもたちの抱える背景はいろいろですが、その課題にはいくつかの共通点があります。それらを分類すると、大きく次の3つの問題に分かれます。

◎**社会面の問題**

行動の問題……不適切な行動をしてしまうなど

感情の問題……感情コントロールが苦手など

考え方の問題……不適切な考え方をしてしまうなど

◎**学習面の問題**……集中できない、勉強についていけないなど

◎**身体面の問題**……運動が苦手、手先が不器用など

みなさんの目の前にいる〝困っている子ども〟は、この3つの問題（社会面、学習面、

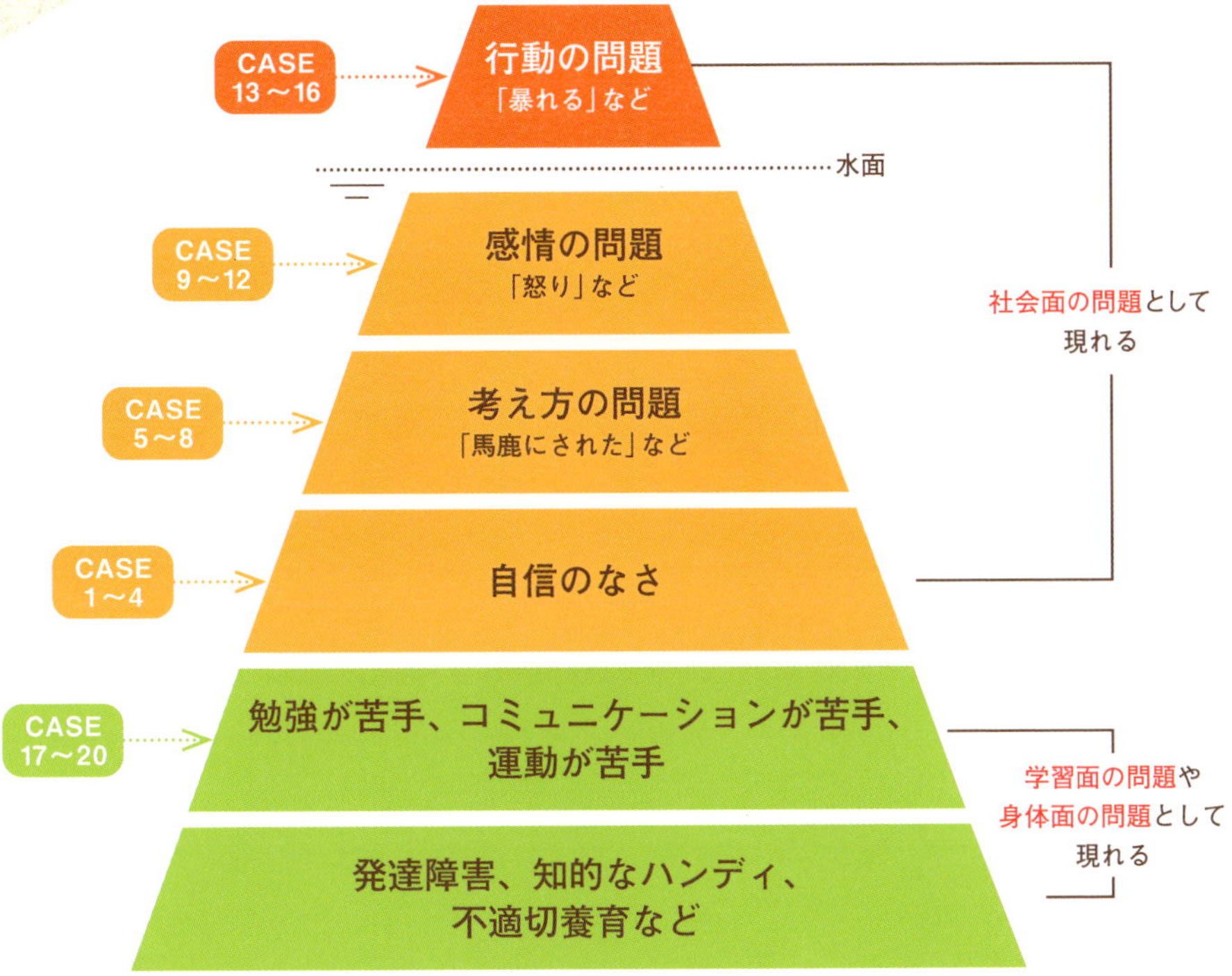

図1　子どもの問題のさまざまな背景の水面モデル

（行動の問題は大人から見えやすいが、……… より下の問題は表面上は見えない。行動の問題の原因にはさまざまな問題がある。本書で紹介する各CASEが、上記のとおり対応している）

身体面）のうちいずれか、もしくは複数をもっている子が多いのではないでしょうか（図1参照）。

たとえば、「すぐにキレて暴れる」といった〔行動の問題〕を持った子どもの例を考えてみましょう。子どもが暴れる背景には〝怒り〟という〔感情の問題〕があるとします。そして、その〝怒り〟の原因には「馬鹿にされた」という〔考え方の問題〕があります。

では、どうして「馬鹿にされた」と考えてしまうのかというと、理由のひとつに挙げられるのが、自信の

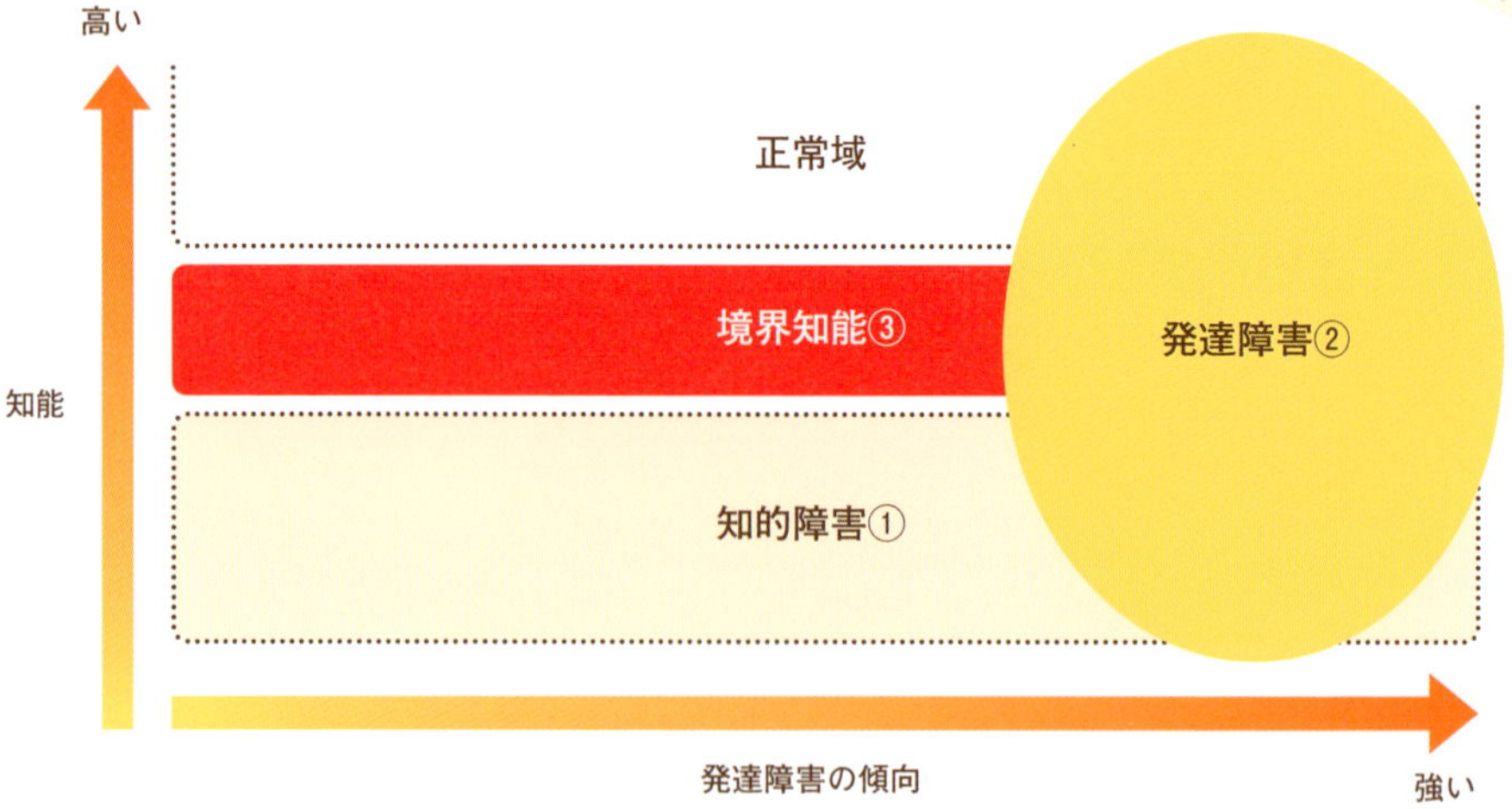

図2　境界知能の位置づけ

なさです。自信がないと、どうしても被害的な思考に陥ってしまい、他者から何かされても「また馬鹿にしやがって」という考えに至りやすいのです。

では、どうして自信のなさが生まれるのかというと、「勉強が苦手」「コミュニケーションが苦手」「運動が苦手」という日々の「苦手」が積み重なって、原因となることも少なくないのです。

「境界知能」や「グレーゾーン」とはどのようなものなのか

先に挙げた3つの問題が生まれる背景には、さまざまな理由が考えられます。そのため、子どもがすぐにキレて暴れているときでも、単純に暴れるのを止めたり、「不真面目な子だ」「どうしておとなしくできないのか」などと叱ったりするだけでは効果的な支援につながりません。その子どもたちが抱えている問題を、丁寧にキャッチしていくことが求められるのです。

問題の中には、発達障害や知的なハンディがみられることもあります。**そして、その中には本書のテーマでもある、明らかな発達障害や知的障害ではないけれども支援を要する「境界知能」や「グレーゾーン」の子どもたちも含まれています。**

では、そもそも本書のテーマである境界知能やグレーゾーンとはどんなものなのでしょうか？

まず、一般的に「知的障害」とみなされる知能指数（ＩＱ）は、「69以下」を指します。

一方の「境界知能」は知能指数でいうと「70以上85未満」で、知的障害と平均域のボーダーに当たります。こういった境界知能に該当する人たちは人口の約14％いるとされ、日本に当てはめると、日本人の約７人に１人に当たる約１７００万人に相当します。学校の35人のクラスに例えると、１クラスにつき約５人は存在することになります。

図2のように、知的障害①や発達障害②と診断されると特別支援の対象になりますが、境界知能③の子どもたちは、ぎりぎり授業についていけるかいけないかのラインにいるため、周囲からはほとんど気づかれず、支援の対象外になることも少なくありません。そのため、家庭内や教育現場では、境界知能の子どもたちが抱えるさまざまな問題が見過ごされてしまうことが多いのです。

そして、このあたりが境界知能の大きな問題のひとつでもあります。

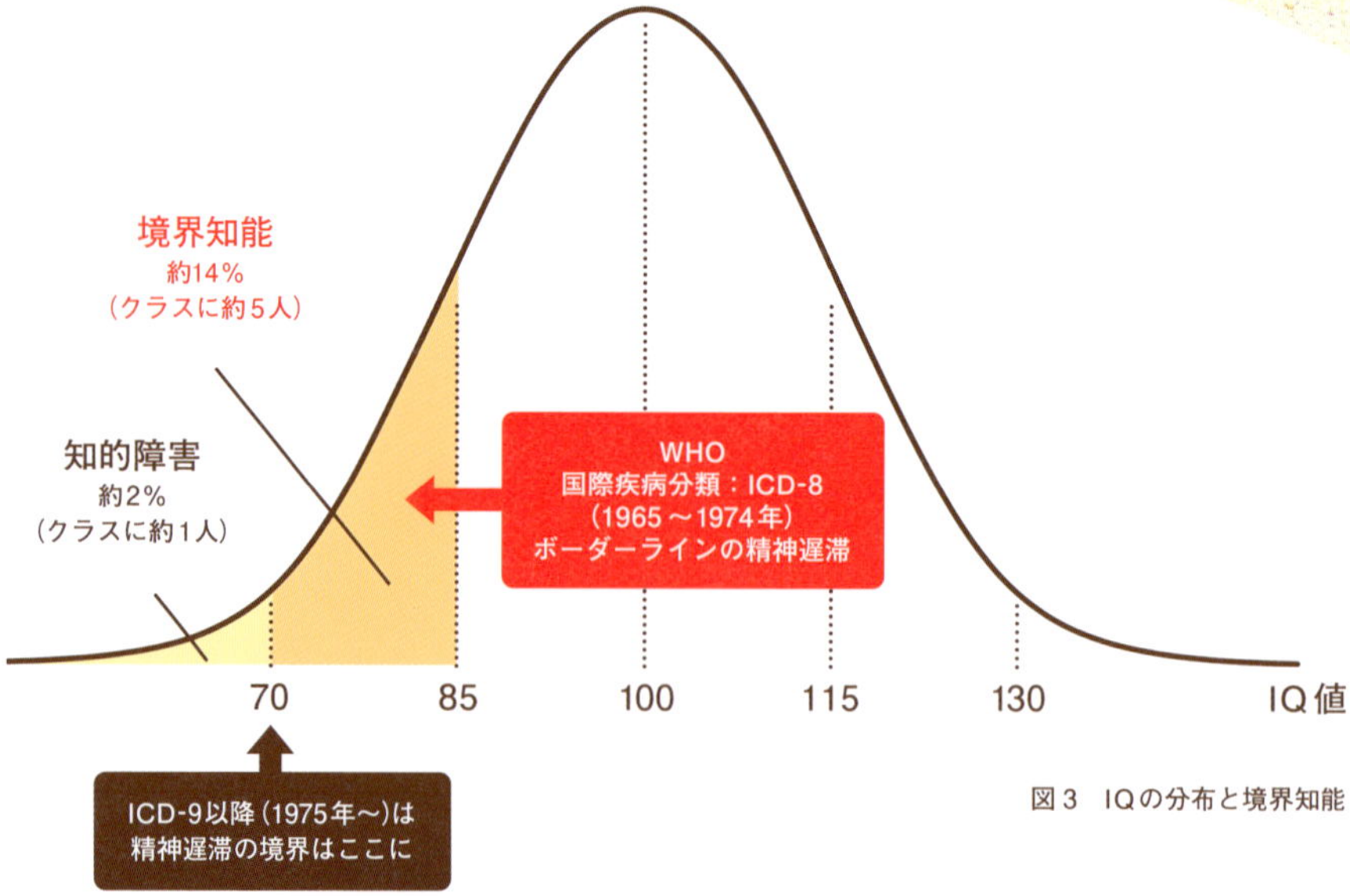

図3　IQの分布と境界知能

「普通」に見えるのに「普通」ができない生きづらさ

「境界知能」の子どもたちは、知的障害の子どもたちよりも知能指数は高いものの、かなりしんどい思いをしながら日々の生活を送っているケースが多いのが実情です。

その理由は、一般的に低い学習パフォーマンスを示すものの、知的障害といった診断まではつかないがゆえに、社会的なサポートを受けられないからです。

そのため、境界知能の子どもたちには、『普通』に見えるのに『普通』ができない」という生きづらさがあります。

なお、境界知能は、世界保健機関（WHO）が公表してきた国際疾病分類の旧版ICD-8（1965～1974年、現在はICD-11）において「ボーダーラインの精神遅滞（※今でいう知的障害)」と分類されたことがありました(図3)。

つまり、境界知能の人たちは知的障害の人たち同様に、支援が必要だと考えられていたのです。

しかし、ICD-9(1975〜1984年)以降では、知的障害は現在のIQ70未満に変更になりました。その背景には、IQ70〜84も含めると知的障害の人口が増えすぎてしまい、支援者の確保や財政面の点で問題が生じるとの事情もあったのでしょう。

ただ、時代によって知的障害の定義が変わっても、境界知能の人たちに生きづらさがあるのは変わりません。

また、発達障害の傾向が強かったり、考え方や感情面、行動面などで何かしらの課題があるものの、発達障害とまでは診断されず、原因や状態がわかりにくかったりする子どもたちもいます。本書ではそういった子どもたちを「グレーゾーン」の子どもと位置づけ紹介していきます。

困っている子どもたちは、日々さまざまなサインを大人に出し続けています。しかし、境界知能やグレーゾーンの子どもたちの出すサインは特に気づかれにくいため、適切な支援が受けられず、見過ごされがちです。

本書では、そんな子どもたちの発するサインの背景を探り、保護者はどんな対策を取ることができるかを考え、20個の事例(CASE)として紹介していきます。

認知機能を強化する「コグトレ」

境界知能やグレーゾーンの子どもたちの中には、認知機能になんらかの問題を抱えている子どもたちが少なくありません。

P16からさまざまな対応策を提示していきますが、認知機能を強化するトレーニングの具体例のひとつとして挙げられるのが「コグトレ」です。

本書では詳細は述べておりませんが、コグトレとは認知〇〇トレーニング（Cognitive 〇〇 Training）の略称であり、

①**社会面**……認知ソーシャルトレーニング（Cognitive Social Training：COGST）
②**学習面**……認知機能強化トレーニング（Cognitive Enhancement Training：COGET）
③**身体面**……認知作業トレーニング（Cognitive Occupational Training：COGOT）

の3方面から構成された包括的支援プログラムです。

コグトレはもともと少年院にいる非行少年たちを効果的に更生させるために考案されたものですが、現在は学校現場において境界知能やグレーゾーンの子どもたちへの早期支援として、また健常の子どもたちへの気づきの支援として幅広く使用されています。

コグトレは学校の先生から教わる各教科の知識ではなく、認知機能の要素である①記憶、

②言語理解、③注意、④知覚、⑤推論・判断の強化を目的として「覚える」「写す」「数える」「見つける」「想像する」という5つのトレーニングを行っていくものです。

コグトレの詳細についてご興味のある方は、日本COG-TR学会のホームページ（https://cog-tr.net）をご参照ください。

子どもの発するあらゆるサインを見逃さず、どんな支援をすべきかを考えるのは大変なことです。そこで、忙しい保護者の方々に少しでも楽しみながらわかりやすく読んでもらえるよう、イラストを交えてそのポイントや対策をまとめたものが本書になります。

この本が、困っている子どもたちやその保護者の方々のお役に立つことを願っております。

CASE 1

すぐに諦めてしまう子

話をする分には普通の子と見分けがつかない……

ドリルや問題集を渡しても「自分には無理」と投げ出したり、新しい遊びや本などを勧めても関心を示さなかったり……。そんな様子を見ると、「なんでうちの子はすぐに諦めてしまうんだろう？」と心配になる保護者は多いはず。

しかし、**諦めが早いように見える子の背景には、境界知能やグレーゾーンが隠れている可能性**があります。境界知能やグレーゾーンの子どもたちは、話をしたり遊んだりする分には、ほとんど普通の子と見分けはつきません。むしろ好きなことに関する記憶力が高いこともあります。親が熱心に教えたり学習塾に通わせたりすることで、小学校の成績はそれほど悪くなく経過し、判明しづらいケースも多いです。

この子たちは言われたことは大体できるものの、いつもと違うことや予想もしない問題が起こったりすると、うまく対処することが苦手だったりします。授業を聞いて理解できなくても、**「わからない」と言うのが恥ずかしくて、最初から投げ出してしまう**ことも少なくありません。

つまり、最初から諦めが早いというよりは、できないことから自分を守るために、**取りかかる前から「自分には無理」「やりたくない」と消極的な言葉を口にしてしまっている可能性**があるのです。

すぐに諦めてしまう子

Memo

すぐに諦めてしまう子の背景とは？

「わからない」と言うのが
恥ずかしくて、
最初から投げ出して
しまっている可能性も……

Point

やる気がなさそうに見える子を「サボっている……」と決めつけるのはやめましょう！

対応策

すぐに
諦めてしまう子

子どもに境界知能の疑いがあるときはどうするべき？

大雑把な目安ではありますが、境界知能の子どもの発達年齢は、同年齢の平均的な子の7～8割程度だと言われています。仮に小学2年生の8歳の子であれば、だいたい6歳ほど。幼稚園児が小学2年生に混ざっているようなものなので、勉強に困難を感じる子が多いです。

もし子どもに境界知能の疑いがあるなら、保護者がすべき対応策は**「まだ小さいから様子を見よう」と静観するのではなく、早い段階からアクションを取ることです。**

境界知能の子は、苦手な部分があっても、トレーニングである程度伸ばせる可能性があります。**自治体の教育センターや発達に詳しい専門家に相談し、子どもの状態や特性を把握し「アセスメント」してもらいましょう。**（左頁参照）そして、学校側と一緒に、今後の具体的な対応策を検討してください。

もうひとつ大切なのは、子どもに対して前向きなサインを送り続けることです。**具体的には、まず本人が自信を持てる何かを見つけてあげることです。**

もしその子に得意な科目があるのなら、日ごろから得意分野についてほめる機会をつくったり、本や図鑑などを渡して積極的に勉強に取り組める環境を整えたりすると自信を育てることにつながります。

すぐに諦めてしまう子の対応策

1.

専門家に相談し、子どもの状態や特性を把握して「アセスメント」してもらおう！

2.

本人が自信を持てる何かを見つけてほめてあげよう！

Memo

「アセスメント」とは？	子どもの発達段階を考え、何が得意で何が苦手なのかを総合的に分析すること
境界知能の子どもの発達年齢は？	同年齢の平均的な子の７～８割程度

Point

まずは大人が境界知能やグレーゾーンの正しい知識を身につけることが大切です！

CASE 2

すぐに被害的になる子

すぐに被害者意識を持ってしまう子の背景は？

周囲から見れば一見小さなことにもかかわらず、突然友達を叩いたり、周囲に極端な怒りを見せたりする子。そんな子は境界知能やグレーゾーンの子どもたちの中にも少なからず見受けられます。なぜなら彼らは、**些細なことでも「周囲からバカにされた」「自分は嫌われている」などと思い込み、被害者意識を持つ**ことがあるからです。

そういった子たちが被害者意識を持つ理由のひとつに、なかなか自分に自信が持てないという背景があります。たとえば、授業についていけない、落ち着きがなくてよく先生に注意される、友達づきあいが上手ではない、手先が不器用で字がうまく書けない、運動が苦手……などが重なると、次第に自信が失われ、**「どうせ自分は駄目だ、周囲からバカにされている」との被害者意識**が育ちやすくなることがあります。

また、視野が狭くなって物事の関係性がうまく読み取れず、状況を判断する力が弱いといった特徴が重なることもあります。**自分にとって想定外の状況が起きると、自身が尊重されなかったと感じてしまうことで、それが怒りに変わっていきます。**

その結果、カーッと感情が高ぶって、友達に手を出したり、大人に暴言を吐いたりして、人間関係のトラブルに発展してしまうのです。

すぐに被害的になる子
嫌われている
バカにされた！

Memo

すぐに被害的になる子の背景とは？

1. 自分に自信が持てない

2. 状況を見る力が弱い

みんなおれを
バカにしてる
みんなおれが
きらいなんだ

Point

子どもが言うことを鵜呑みにせず、その子の特性の理解に努めましょう！

対応策

すぐに被害的になる子

子どもがカーッとなる前に多角的に物事を考えさせる

すぐに被害的になる子に必要なのは、何か不快な出来事があったとき、**「ひょっとしたらそれは自分の勘違いじゃないかな?」と多角的に物事を考えさせる習慣**を持たせることです。「自分はバカにされている!」とカーッとなる前に、「自分のことをバカにしているからって、相手はあんな行動を取るだろうか? 他に何か理由があったのではないか?」と立ち止まって考える癖をつけてもらいましょう。その練習を繰り返すことで、状況をいろんな角度から見られるようになります。

また、他人の感情を状況から推測させる練習も大切です。**たとえば、子どもがアニメを観ているときに、登場人物を指さして「この子は何を考えていると思う?」と聞いてみましょう。**自分の感情分析は苦手な子でも「怒っている」「楽しそうだね」「落ち込んでるんじゃないか」などと、他人の感情ならうまく答えられるもの。

その他、日記などで日々の出来事や気持ちを書かせるのもオススメです。

大人になってからもこの傾向が続くと、より深刻な対人トラブルが起こり職場などでの社会生活にも支障をきたしてしまうこともあります。幼いうちから状況を多角的に見る練習をぜひ取り入れてみてください。

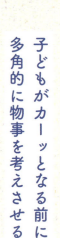

すぐに被害的になる子の対応策

1.

多角的に物事を
考える習慣を
持たせる！

2.

他人の感情を
状況から推測する
練習をする！

子どもの被害感を発散させるために日々の
気持ちを日記に書かせるのもオススメ！

CASE 3

何事にもやる気がない子

やる気がない子どもに足りない4つの欲求とは？

「何かしたいことはない？」と聞いても、「なんでもいい」「特にやりたいことはない」と返答する子どもたちがいます。

このように、あまりにも子どもに自発性が見られない場合、その背景にはある欲求が満たされていない可能性が考えられます。

アメリカの心理学者・マズローが提唱する「欲求の5段階説」（左頁参照）をご存じでしょうか？

この説によれば、人間がやる気を持つにいたる前提として、食欲や睡眠欲などの「生理的欲求」、住む家や金銭的な保証がある「安全欲求」、家族からの愛情を感じる「所属と愛の欲求」、周囲から認められる「承認欲求」という4つの欲求が満たされている必要があると言われています。

これら4つの欲求が満たされてはじめて、「自己実現欲求」、つまり「やる気」が生まれるのです。

たしかに食べ物や住む家がなく、家族からの愛情も感じられず、人からまったく評価されないような環境に置かれれば、やる気などなかなか起きないでしょう。

もし子どもにやる気が感じられない場合、この**4つの欲求が十分に満たされておらず、子どもが過度に不安を感じている可能性**があるかもしれません。

なんでもいい
とくに
やりたいことはない
何事にもやる気がない子

Memo 何事にもやる気がない子の背景とは？

4つの欲求が満たされていないかも……

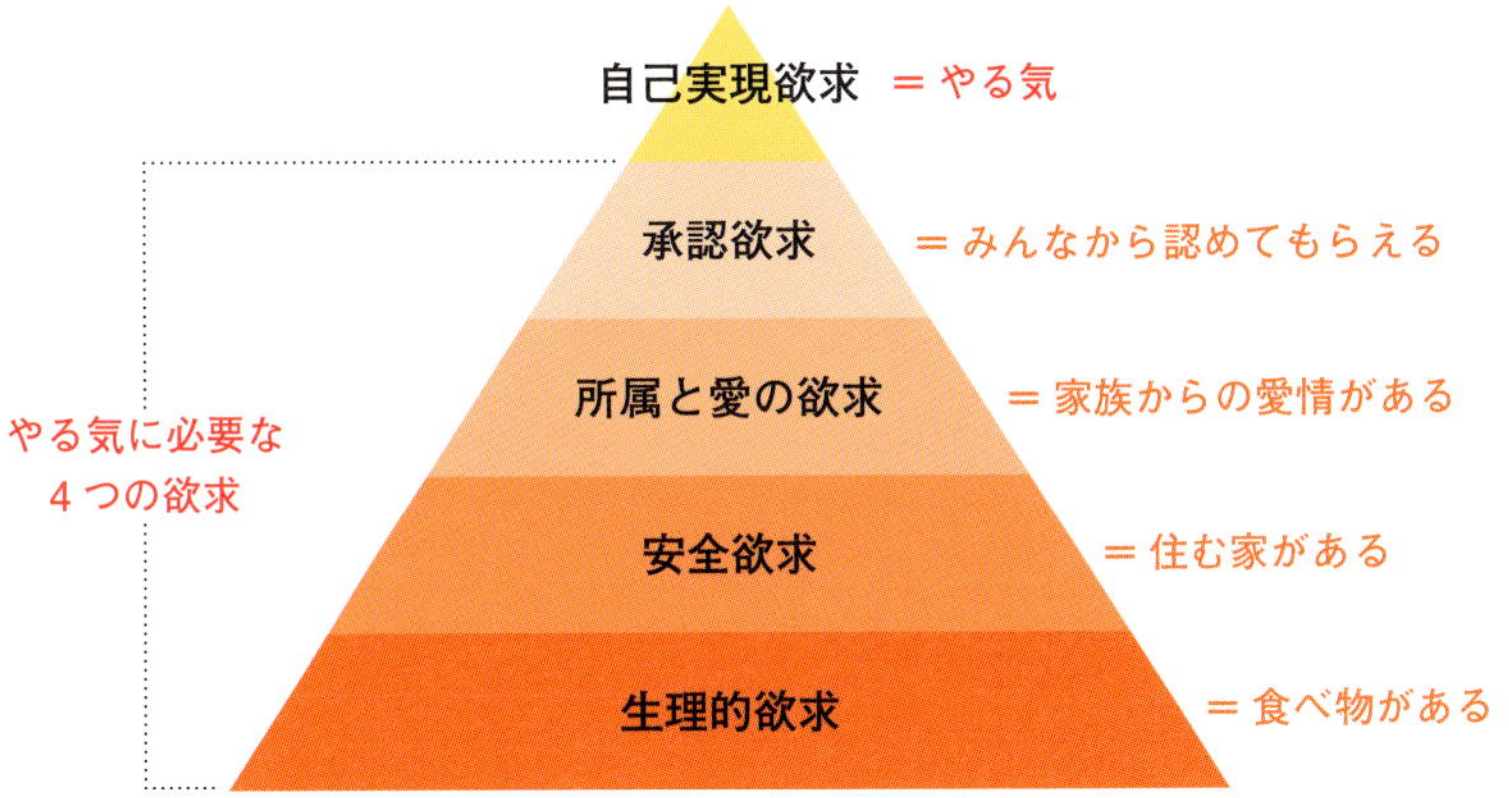
自己実現欲求 ＝やる気
承認欲求 ＝みんなから認めてもらえる
所属と愛の欲求 ＝家族からの愛情がある
安全欲求 ＝住む家がある
生理的欲求 ＝食べ物がある
やる気に必要な
4つの欲求

心理学者・マズローの「欲求の5段階説」

Point

4つの欲求のどれか1つだけでなく複数の欲求が満たされていない可能性も！

対応策

何事にも やる気がない子

親が家庭で子どもの安心の土台になっているかが大切

　子どものやる気のなさを回復するための対策は、前のページで紹介したマズローの提唱する４つの欲求（P24～25参照）が満たされているかを確認し、**もしなんらかの欲求が満たされていないのであれば、まずはそれを満たしてあげることが先決です。**

　保護者の方は無意識でも「子どもの前でいつもケンカをしている」などの行為があれば、子どもにとっては安心して過ごせる家庭ではなく、なんらかの欲求が満たされていないかもしれません。**ご家庭で親が子どもの安心・安全の土台になっているか意識してみてください。**

　また、勉強や習い事などをやらせる場合は、本人の能力やペースを見極めて進めましょう。人は取り組む課題の半分以上をできなければやる気を失うと言われます。やる気を失わせないためには、**半分以上間違えずにできるレベルまで問題を調整することも検討してみてください。**

　宿題などで答えがないものは、最初は親が答えを用意して、それを本人に写してもらうのでもいいでしょう。「そんなにラクをさせていいのか」と思うかもしれませんが、答えを見て問題の意味を考える効果がありますし、親側が「この答えに導くにはどう考えればいい？」と問いかけてみてもいいかもしれません。

何事にもやる気がない子の対応策

1.

子どもの前で両親が
いつもケンカして
いるのはNG!

2.

勉強や習い事は
本人の能力やペースを
見極めて進める！

まずはマズローの提唱する４つの欲求を
満たしてあげることが先決！

CASE 4

嫌なことを断れない子

悪い友達ができた場合非行化の原因になる!?

友達から「これを貸して」と頼まれたら、自分が大切にしているものでも断れずに貸してしまう。誰かに嫌なことをされても自分から嫌だと言えない。やりたいことがあるのに、友達に遊びに誘われたら断れない。そんな一見「優しい、よい子」に見える子には共通点があります。それは「友達の言うことを聞くのが優しい子だと思っている」ということです。

境界知能やグレーゾーンの子どもたちは、概して同級生との会話についていけなかったり、他人と対等な関係を築いたりするのが苦手です。

また、相手の表情を読んだり、人の気持ちを想像したりする認知機能が弱い傾向にあるので、対人関係で問題を抱えてしまうことも多いです。だから、周囲から仲間外れにされるのを恐れ、「優しい」と言われると「友達の役に立てた」と安心します。しかし、結果として友達の言いなりになったり、自分の意に沿わない行動を取らされたりすることにもつながります。

気をつけないといけないのが、悪い友達と関係を持つようになった場合です。彼らに好かれるために、やりたくないのに万引きをしたり、断れずにタバコを吸ったりするなど、非行化の原因につながることもあるので注意が必要です。

嫌なことを断れない子

Memo

嫌なことを断れない子の背景とは?

一見**「優しい、良い子」**

＝

友達の言うことを聞くのが
優しい子だと思っている

⇨“対人スキル”の弱さが根底に……

一見「優しい、よい子」は仲間外れを恐れて
嫌われないよう必死になっているのかも!

対応策

嫌なことを断れない子

人間関係のつまずきを解消するための練習とは？

人から頼まれた嫌なことを断れないという子に対しては、一緒に「断る練習」を実践してみてください。

たとえば、よく友達からモノを貸してと頼まれる子であれば、「このおもちゃは大事なものだから貸せないんだ、ごめんね」「まだこのゲームはやり終わってないから、やり終わったら貸すね」などと具体的にどうやって断るのかを、ロールプレイ（左頁参照）などを通じてシミュレーションしておきましょう。

また、**人間関係のつまずきが「断れない姿勢」をつくっている可能性が高いので、相手の気持ちを考える練習**を一緒にしてみるのもオススメです。

たとえば、喜怒哀楽などが書かれたカードを利用して、「この人は今どんな気持ちだと思う？」と質問することで、友達の表情を読み取るための練習をしてみたり、さまざまな状況を想定して「こういう状況のとき、この子はどう思ってる？」「こういう行動を取ったら、相手はどんな気持ちになると思う？」などと聞いてみたりするなどして、相手の気持ちを考える機会を増やしていくのもいいでしょう。

親から見て、**友達と自分の子どもの間に力関係が生まれていないか、仲間外れにされていないか**も随時確認していきましょう。

嫌なことを断れない子の対応策

1.

一緒に「断る」練習を実践

（ロールプレイなどを通じてシミュレーション）

2.

相手の気持ちを考える練習

（喜怒哀楽などの書かれたカードを利用しよう）

Memo

「ロールプレイ」とは?

ある問題が起こったときに適切に対応できるよう前もってその役を演じて練習しておく学習方法のひとつ

言葉で伝えるだけでなく、ロールプレイやクイズなど体を使って練習させましょう!

CASE 5

よく嘘をついてしまう子

「嘘つき」と誤解されてしまう子の原因とは？

境界知能やグレーゾーンの子どもは周囲から「よく嘘をつく」と思われてしまうことがあります。しかし、その裏には**「子どもが相手の指示や言葉をしっかりと聞き取れていない」という原因**が隠れていることが多々あります。

たとえば、親は「算数ドリルと漢字の書きとりをしてね」と伝え、子どもが「うん」と答えたのに、算数ドリルしかやっていないので叱ったら、「漢字の書きとりなんて聞いてない！」などとその子から反発されたような場合です。大人の視点からは「やりたくないから嘘をついている」と見えるでしょう。ですが、**「聞く力」が弱い子の場合は、長い文章だと一文のうち2～3語しか聞き取れない**子も少なくありません。英語が不得意な人が英語で話しかけられても意味をすべて理解できないように、一度に聞き取れる言葉の量が少ないと、相手が言っていることをすべて理解することができないのです。

相手が何を言っているのかをちゃんと理解していないのなら聞き返せばいいのですが、この子たちは**恥ずかしさやプライドを傷つけられたくないという思い**から、「わからない」「もう一度言ってほしい」と伝えられません。理解が中途半端な状態で思い込みから行動し、「嘘つき」だと周囲に誤解されるのです。

よく嘘をついてしまう子

境界知能やグレーゾーンの子どもは「よく嘘をつく」と思われがち……

Memo

よく嘘をついてしまう子の背景とは？

「聞く力」が弱い子

長い文章だと一文のうち２～３語しか聞き取れない子も少なくない

Point

子どもが「嘘をついている！」と思ってもすぐに叱るのではなくその原因を考えましょう！

対応策

よく嘘をついてしまう子

子どもが嘘をつくと感じたら聞く力をチェック

もし子どもが「嘘をつくことが多い」と感じる場合、まずは「聞く力」をチェックしてみましょう。

たとえば、ランダムに1秒間ずつゆっくりと数字を読み上げてみて、同じ数字を子どもに復唱させてみてください。

6～7歳までは5桁、9～10歳までは6桁を復唱できるかどうかがひとつの目安になります。

同じように「たぬき、赤、リンゴ、飛行機」などといったように、1秒間に1個ずつ単語を読み上げ、同じ単語を同じ順番で正確に復唱できるかをチェックするのも効果的です。

こちらは、9歳までは4語、それ以上の年齢では5語以上復唱できることが目安になります。

子どもがあまり言葉を聞き取れていないと感じたら、何かの指示を出すときは、一文を短めに伝えてみたり、一度に何個も指示を出さないようにしてみたりと工夫しましょう。

また、こちらが伝えた指示を子どもがきちんと理解しているかどうかを確かめるために、どんな指示をしたのかを復唱してもらうのもいいでしょう。

もし聞く力に問題がない場合は、「もっと自分に注目してほしい」「叱られたくない」などの理由から嘘をついている可能性もありますので、その背景を慎重に探りましょう。

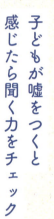

よく嘘をついてしまう子の対応策

まずは「聞く力」をチェック！

1. 数字の復唱

ランダムに1秒ずつ
ゆっくりと数字を読み上げる

⇩

同じ数字を子どもに復唱させてみる

⇩

6～7歳は5桁、9～10歳は
6桁を復唱できるかが目安

2. 単語の復唱

1秒間に1個ずつ
単語を読み上げる

⇩

同じ単語を同じ順番で
子どもに復唱させてみる

⇩

9歳までは4語、
それ以上の年齢では5語以上
復唱できるかが目安

もし子どもが本当に嘘をついている場合は
嘘をつく理由を慎重に探りましょう！

CASE 6

他の子をひいきしていると言う子

他の子がひいきされていると考える子の2つの原因

「お母さんは他の兄弟を特別扱いしている」「先生が特定の子ばかりをかわいがる」など、自分よりも他の子がひいきされていると考えがちな子には2つの原因が考えられます。

1つ目は、周囲をしっかりと見て状況を理解することが苦手なようなケースです。境界知能やグレーゾーンの子どもたちの中には、そういった子たちもいます。

たとえば、身体が弱い子を先生が気を遣い、サポートしているのを見て、他の子は「あの子は身体が弱いから先生が支援するのは当然だな」と思うのに対して、認知する力が弱く状況が理解しにくい子は「あの子ばかりが特別扱いされている」と考えがちです。日ごろから空気を読めない発言が多かったり、他の子の感情に配慮できない様子があったりした場合は、子ども自身の状況を認知し理解する力が弱いがゆえに、「ひいき」と口にしてしまっている可能性があります。

2つ目は、「もっと自分を見てほしい」との欲求が強いケースです。家庭の何らかの事情で親から十分に愛されているという自覚がなかったり、友人関係に不安があったりすると、自分を大切にしてほしいという気持ちが生じ、子どもが「寂しい」「自分を見て」というシグナルを発している可能性もあります。

他の子をひいきしていると言う子

Memo

他の子をひいきしていると言う子の背景とは？

1. 周囲の状況を理解することが苦手

- 場を読む力がない
- 「見る力」「聞く力」が不足している

2. 「もっと自分を見てほしい」という欲求が強い

- 親から十分に承認を受けていない
- 友達とうまくやっていけない
- 自分に自信がない

Point

「他の子ばかりひいきする」と言うのはその子の性格ではなく助けを求めているのかも！

対応策

他の子をひいきしているというと言う子

子どもの話を聞き流してはいけないワケ

子どもが「他の子ばかりひいきされている」と言うのは、「自分ももっと見てほしい」というサインの可能性があります。大人ができることとしては、**まずは子どもの目線に立って、何か困っていることはないかを確認**してみましょう。よくよく見てみると、「最近友達とトラブルが多い」「授業でわからないところが増えている」などの問題が浮かび上がってくるかもしれません。子どもが直面する問題がわかれば、どのような支援が必要かおのずと見えてくるはずです。

もうひとつ大人ができることとして重要なのは、**子どもの話をしっかり聞く**ことです。人は相手の話を無意識のうちに聞き流してしまうことが多いものです。特に子どもが相手の場合、きちんと聞かずに「それはこうじゃないの?」と言い換えてみたり、「あなたの勘違いじゃない?」などと否定したりしがちです。

でも、**子どもは自分のことを受け入れてもらいたいからこそ、大人に話を聞いてほしい**のです。仮に子どもの言葉がたどたどしくても、しっかりと目を見ながら耳を傾け、口をはさむのは一度控えましょう。「どうしたらいいと思う?」と子どもから意見を求められたら、そこではじめてアドバイスをしてあげてください。

他の子をひいきしていると言う子の対応策

1. 困っていることはないか確認

- □ 友達とトラブルはないか？
- □ 授業でつまずいてないか？
- □ 最近変わったことはないか？
- □ いじめにあってないか？
- □ 気づかれていない障害がないか？

2. 子どもの話をしっかり聞く

子どもの言葉がたどたどしくても、口をはさむのは一度控えましょう！

ぴぃちゃんがね、
いじわるするの、
ここつかんで、
あっちいってとかいうの。
なんにもしてないのに
こないでとかいうの
それでかしてあげた
けしごむが
あなあけて
もどってきてね、
そんでね、

Point

「他の子をひいきしている」という子には
特別な配慮が必要な可能性を考えよう！

CASE 7

自分のことを棚にあげる子

自己評価の苦手な子が弱い力とは？

自分のミスには甘いのに他人のミスには異常に厳しいなど、言葉と行動が一致しないというように、言動と行動に矛盾が出やすく、周囲から誤解を受けやすい傾向にある子もいます。背景に境界知能やグレーゾーンがあるかもしれません。

誰しも自分のことは自分ではよく見えないものなので、**子どもが自己評価を育てていくうえで他人との関わりは欠かせません。**たとえば、「あの人は私と一緒だと笑ってくれるから、あの人は私が好きなんだ」「あの人は私といると不機嫌そうだから、嫌われているのかも……」などといった他者の反応を見ながら、「自分はこういう人間なのだ」と自己を認識していくのです。

ただ、**周囲の評価を正しく自分にフィードバックするには、正しい認知の力が必要**です。境界知能やグレーゾーンの子どもの場合は、周囲の状況を見たり聞いたりする力が弱い子が少なくありません。先生が自分をほめてくれているのにバカにされていると誤解したり、友達が自分の行動で傷ついているのに好かれていると勘違いしたりと、**周囲の出すサインの受け取り方を間違えてしまうと、自分に対して適切な評価ができなくなってしまいます。**その結果、自分のことは棚にあげて他人を批判したりしてしまうのです。

自分のことを棚にあげる子

Memo 自分のことを棚にあげる子の背景とは？

正しく **“自己評価”** ができていないのかも……

正しく“自己評価”するために必要な力とは？

人は他者とのコミュニケーションの中で、相手からのサインを通して「自分はこういう人間かもしれない」と気づきます。

しかし、「見たり聞いたりする力」が弱いと、そのサインを間違って受け取り、的確な“自己評価”ができません。

周囲の評価を正確に自分へフィードバックするには正しい認知の力が必要です！

対応策

自分のことを棚にあげる子

「見たり聞いたりする力」のトレーニング法とは？

子どもが「少し自分のことを棚にあげすぎているな」「正しく自己評価ができていないな」と思ったときは、「見たり聞いたりする力」をつけるためにどんな対処法が考えられるのでしょうか。

まずは、話をするときに、「相手の目を見て話しができているか」「相づちを打てているか」「話をするときは適切に間を空けられているか」「自分がわからない部分は、聞き返せているか」「視線の向きはどこに置いているか」など、**対人コミュニケーションにおいて重視すべき基本的なこと**ができているかを確認しましょう。

もしこれらの項目ができていないようであれば、対人関係の基礎となる対人マナーに課題がありそうですのでそれらを練習する必要があります。具体的には「あいさつ、誘う、尋ねる、頼む、謝る、断る、お礼」といった基本的な対人マナーに対して言葉だけでなく、声をかけるタイミング、相手との距離、視線や身体の向き、表情、声の大きさ、話すスピード、最初にかける言葉などに注意して練習するのがいいでしょう。

相手の表情から感情を読み取る練習も有効です。いろんな人の表情が写っている写真を見せて「この人がどんなことを考えているのか」「どんな気持ちだと思うのか」を想像してもらいましょう。

自分のことを棚にあげる子の対応策

step1 子どもが話をするときに下記の項目をチェック！

- □ 声をかけるタイミングは適切か？
- □ 相手との距離は適切か？
- □ 視線や身体の向きは適切か？
- □ 表情・声の大きさ・話すスピードは適切か？
- □ 最初にかける言葉は適切か？

これらの項目ができていなければ……

step2 対人コミュニケーションの練習をしよう！

（対人マナーの練習）

（写真で相手の表情から感情を読み取る練習）

相手の反応をフィードバックする経験を積むことで自己を知る練習にもなります！

CASE 8

人の気持ちがわからない子

相手の表情から感情を察する3つのレベル

友達がペットの猫を亡くして悲しんでいるのに、にやにやと笑っていたり、「ペットショップで新しい猫を買えばいいじゃないか」など無神経な発言をしてしまったり。相手の気持ちを考えられない子がいます。その背景には、境界知能やグレーゾーンの子の認知機能の弱さが関係しているかもしれません。

相手の表情を読んで感情を察するには、いくつかのレベルがあります。第一段階では、相手が涙を流していれば「悲しんでいるな」と、笑顔ならば「喜んでいるんだな」と察するなど、**相手の表情がきちんと読めるかが重要**です。第二段階は、**表情以外の情報や状況から、相手の気持ちを察する**ことができるかです。そして、最後の第三段階では、**相手の置かれた状況の背景を想像して、気持ちを理解できるか**どうかです。たとえば、友達がペットを亡くして悲しんでいたら、「あの子は一人っ子だから、もしかしたらペットを弟や妹のように思っていたのかも。弟や妹が死ぬくらいつらかったんじゃないか」などと想像し相手に共感できるレベルです。しかし、**境界知能やグレーゾーンの子で認知機能が弱いと、相手の表情自体が認知しにくい**がゆえに、相手が落ち込んでいてもどうしても思いやりのない言動を取ることが増えてしまうのです。

Memo 人の気持ちがわからない子の背景とは？

認知機能の弱さが関係しているのかも……

相手の表情を読んで感情を察するレベル

レベル1	レベル2	レベル3
相手の表情がきちんと読める	相手の気持ちを察する	相手が置かれた状況の背景まで想像して気持ちを理解できる

比較的簡単 ←→ 難

人の気持ちがわからない子は思いやりがないのではなく相手の表情を読むのが苦手なのかも！

対応策

人の気持ちがわからない子

相手のことを思いやる共感性を育てるには？

我が子に思いやりがないと心配になった場合、対策として効果的なのが、まずは相手の表情を読み取る練習です。大前提として、相手に注意が向いていないと表情にも気づくことがありません。**人と話をするときは、相手のほうに体や顔を向け、相手の目を見て表情をきちんと確認する練習**を行うといいでしょう。

子どもの見る力自体をトレーニングすることも重要です。P14で紹介した「コグトレ」の中から、ご自宅でもできる「見る力」を育てるトレーニングをひとつご紹介します。**まず、丸や四角、三角などの図形を子どもに見せて、その形を記憶してもらいます。一度記憶してもらってから図形を隠して、紙にその図形を描いて再現してもらいましょう。**こういったトレーニングによって視覚性の単純短期記憶を鍛えることができます。

相手のことを思いやる共感性は、さまざまな経験を経ないと成長しないものです。現に大人であっても共感性を持っていない人はたくさんいます。共感性を高めるために肝心なのは、子どもに少しでも多くの体験をさせて、他人の気持ちを考えるシチュエーションを増やすこと。そして何よりも子どもたちの見本となる姿を大人が見せること。そういった**経験の積み重ねによって、道徳的な発達が促進**されていくはずです。

人の気持ちがわからない子の対応策

1. 相手の表情を読み取る練習

相手に注意が
向いていないと、
相手の表情にも
気づけません

2. 「見る力」を育てるトレーニング

形を記憶してから隠し、
紙の上にその図形を
描いて再現

「相手の表情がきちんと読める」（P45）
段階でない子は「見る力」をトレーニング！

CASE 9

すぐにキレてしまう子

よくキレる子どもの2つの要因とは？

周囲から「間違っているよ」と指摘を受けたり否定されたりすると、とたんにキレてしまう。こうした行動が生まれる要因のひとつは、子どもの内面における「自信のなさ」です。

自分に自信のない子は、親切心からアドバイスされても、「バカにされた」とネガティブに受け取ってしまうことがあります。ときには、先生や親からほめられたとしても、「どうせ心の中ではバカにしているんだ」と思い込み、他の子ならば喜んだり感謝したりする場面でキレてしまうことも少なくありません。

もうひとつ、子どもがキレる原因となるのが「自分の思い通りにならない」という不満です。相手への要求が強かったり、自分の固定概念が強かったりする子ほど、周囲の批判に憤りを感じがちです。しかし、現実社会において、「相手にこうしてほしい」といかに強く望んだとしても、相手が自分の思った通りに動いてくれるわけではありません。自分が願っていたのとは違う反応や意見が出たとき、彼らの心の中では**「自分を尊重してもらえなかった」という強い不満が生まれ怒りに発展**します。

そして、うまくその感情をコントロールできずキレてしまうのです。こういった背景には境界知能やグレーゾーンに起因する成功体験の少なさが関係していることもあります。

すぐにキレてしまう子

Memo

すぐにキレてしまう子の背景とは？

対人関係がうまくいかない

よく注意される

運動ができない

1. 自分への自信のなさ

忘れ物が多い

勉強がわからない

2. 「自分の思い通りにならない」という不満

Point

「CASE 2」（P20～23）で紹介したように自信のなさから被害的になってキレてしまうのかも！

対応策

すぐに キレてしまう子

周りの大人が把握しておいたほうがいいこと

キレやすい子どもへの対策として、まずは、段階に応じた対策を子ども自身に覚えさせておくことです。自分がカッとなったとき、**心が落ち着くように気持ちがクールダウンできる場所へ移動**する癖をつけさせましょう。

怒りを感じている段階であれば、深呼吸させて気持ちを落ち着かせるのと同時に、アニメや漫画、スポーツなど、**楽しいことや好きなことに注意をそらせる**ように習慣づけましょう。また、「自分がバカにされているのではないか」という考えが頭に浮かんだ場合、「ひょっとしたら親切心から教えてくれたのかも」と**ポジティブな思考で物事をとらえられるような練習**をしましょう。

そして、最大のポイントは、自分に自信をつけてもらうことです。こうした子の特徴のひとつは、日々失敗が多くて自分に自信を持てていないという点です。やればできるという自己効力感が低ければ、今後の人生にも悪い影響を与えてしまうので、**周りの大人は子どもが何ができて何が苦手なのか**を知っておきましょう。日頃から、苦手な部分は把握しつつ、「絵は苦手だけど歌は上手」「ゲームがうまい」「友達に優しい」など、子どもが自信を持てる何かに気づかせ、本人が自分の価値を保てるように努めましょう。

すぐにキレてしまう子の対応策

1. 段階に応じた対応策を子どもに覚えさせる！

step1	カッとなった段階	クールダウンできるところへ移動
step2	怒りを感じている段階	深呼吸や楽しいことを考えて気持ちを落ち着かせる
step3	「バカにされた？」と考えている段階	ポジティブな思考に切り替える

2. 自分に自信をつけてもらう！

子どもの得意と苦手を知っておきましょう

その子に効果的な気持ちを落ち着かせる方法を事前に一緒に考えましょう！

CASE 10

感情の起伏が激しい子

「見捨てられ不安」からくる試し行動の一種

さっき笑っていたかと思えば急に怒りだしたり、嬉しそうに見えたのに急に落ち込んでしまったりなど、感情の起伏が激しすぎて周囲とのあつれきを生んでしまう子も少なくありません。

こうした子の一つの背景として考えられるのは、**「見捨てられ不安」**です。常に心の中で**「相手から見捨てられるのではないか」**と不安を抱いていては、相手の言動に一喜一憂してしまうのです。相手からそっけない態度を取られたと感じた場合、「どうせ自分なんて」と落ち込んだり、「なんで私を受け入れてくれないいんだ」と怒ったり、「誰かがあの子に私の悪口を言ったのでは」と他人を疑ったりと、相手の行動次第で心が大きく揺れ動いてしまいます。

これは試し行動の一種で、**相手がどの程度自分を見捨てずに受け入れてくれるのかを確かめる**ため、不機嫌になったり、悲しんだりして、無意識に感情を出してしまうのです。

なお、こうした試し行動を取るのは、家庭内で子どもが何らかの理由で安心して生活できず、**「親に見捨てられるのでは」「自分はいらないのでは」**との不安を抱いている可能性もあります。家庭内で夫婦間のケンカが増えていないか、子どもと過ごす時間がおろそかになっていないか、確認してみてください。

感情の起伏が激しい子

いかないで
ここにいて。

Memo

感情の起伏が激しい子の背景とは？

「見捨てられ不安」

常に心の中で「相手から見捨てられるのではないか」という不安を抱き、相手の言動に一喜一憂してしまいます。

Point

人の言動で一喜一憂する子の背景にあるかもしれない「見捨てられ不安」を見逃さないで！

対応策

感情の起伏が激しい子

感情の起伏に合わせて態度を変えるのは逆効果

子どもの感情がコロコロ変わりやすくて不安定な場合、どのような対応策が考えられるのでしょうか。大人目線では、子どもの感情に合わせて対応を変えなければと思うかもしれませんが、それは逆効果。親が行動を変えることで、子どもは余計に混乱してしまいます。

大人にとって大切なのは、子どもの感情が変わっても、一貫した態度を取り続けることです。

子どもが急に怒りだしたり泣きだしたりといった強い感情を出したとしても、ダメなものはダメだと伝え、必要以上に叱ったりなだめたりはしないようにしましょう。反対によい行動ができたときは、「よくできたね」「すごいね」ときちんと言葉に出してほめてあげることで、適切な行動を伸ばしてあげることが大切です。

また、不安そうに見えたり何かしら気になる様子が見られたときは、しっかりと子どもの話を聞いてあげたり一緒にいる時間を増やしたりすることで、**「あなたのことを受け止めているから大丈夫だよ」**というサインを送ってあげましょう。

その他、「あなたが急に怒ったり、笑ったりしているのを見て、周りの子はどう思うかな?」と質問して、**気づきの機会を持たせる**のも効果的です。

感情の起伏が激しい子の対応策

1. 一貫した態度を取り続ける

子どもの感情に
合わせて対応を
変えるのは逆効果！

2. 言葉に出してほめる

ほめて子どもの
適切な行動を
強化してあげる！

「見捨てられ不安」を抱える子は思春期に激しい感情が生じることもあるので要注意！

CASE 11

感情表現が苦手な子

感情表現が苦手な子の背景にある「感情の未分化」

何か言いたいことがありそうなのに、「何か悲しいことでもあった？」「困っているの？」と聞いても答えてくれない。こんな態度を子どもが見せた際、大人としては「何があったの？」と心配になりますが、このように**自分の気持ちを答えない子の背景には、「感情の未分化」という問題**が隠れている可能性があります。

人間は、発達とともにいろんな種類の感情が生まれ、感情が分化していきます。

最初は刺激に対して興奮するだけだった赤ん坊が、成長するにつれて「快」「不快」「興奮」などの感情を覚えていき、次第に「うれしい」「楽しい」「悲しい」「怖い」「恥ずかしい」「不安だ」「嫌だ」などの複雑な感情表現ができるようになります。

しかし、感情がまだうまく分化しきっていない子の場合は、自分の中にある**モヤモヤとした気持ちがどんなものなのかがわからず、感情を表す言葉が出てこない**こともあるのです。

また、大前提として**大人であっても「今どんな気持ち？」と突然他人に質問されたとき、自分の気持ちをストレートには表現しづらい**もの。それは子どもも同様で、いきなり自分の気持ちの状態を質問されても、うまく答えられないのは仕方がないと言えるでしょう。

Memo

感情表現が苦手な子の背景とは？

感情がうまく分化しきっていないので、自分のモヤモヤした気持ちがわからない……

「感情の分化」とは？

人間は生まれてから発達とともにいろいろな感情が出てきて分かれていきます。

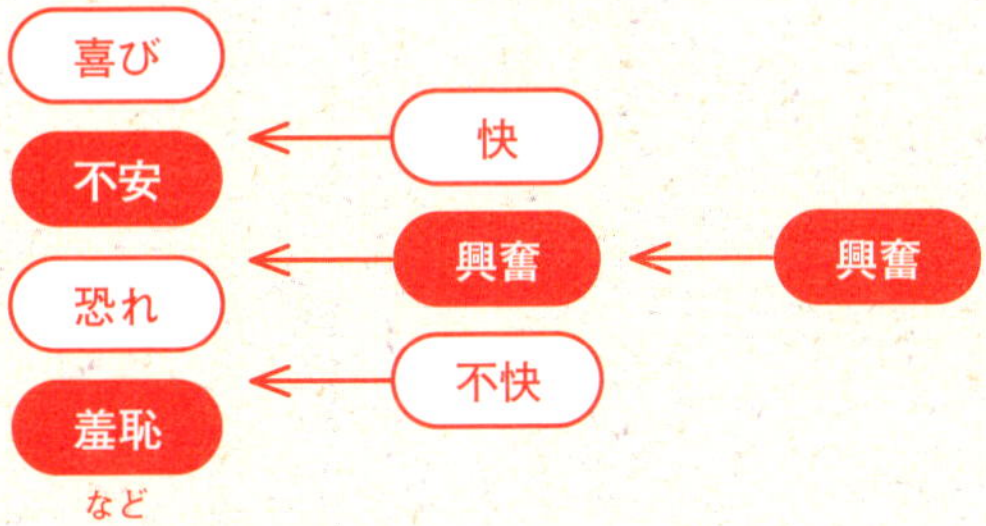

大人でも自分の気持ちの表現は難しいので感情表現が苦手な子を質問攻めにするのはNG！

対応策

感情表現が苦手な子

感情表現を段階的に練習していこう

感情表現が苦手な子にやってみてほしいのは「他者の感情を想像して口にしてみる練習」です。**自分の気持ちを表現するよりも、他人の気持ちを想像するほうが比較的簡単**です。他人の感情と向き合う練習を繰り返すことで、自分の気持ちを表現することに慣れていきましょう。

簡単なやり方として、いろんな表情が写った写真を用意して「この人は今どんな気持ちだと思う？」と質問してみるのがオススメです。また、大人が一緒に写真を見ながら、お互いの感想を言い合うのもいいでしょう。

他人の感情が口にできるようになったら、次に試していただきたいのが自分の感情を表現する練習です。**いきなり気持ちを言葉にするのは難しいので、「うれしい」「悲しい」「怒っている」などの表情が書いてある写真やイラストを用意して、「今の気持ちはどれに近い？」と聞いてみましょう。**慣れたら、「なぜその気持ちになったのか」を言葉にする練習をしてみてください。

表情から感情を理解することに難しさを感じる子の場合は、「目を見開いている表情は驚いている」「歯が見え、目を細める表情はうれしくて笑っている」など、感情表現に結びつく具体的な表情のサインを教えてあげましょう。

感情表現が苦手な子の対応策

1. 他者の感情を想像して口に出させる練習

他者の感情を
言ってみることで
気持ちを表現することへの
抵抗を減らそう！

2. 自分の感情を表現する練習

いきなり自分の感情を
言わせるのは難しいので
写真やイラストを
使おう！

「他者の感情を想像して口に出させる練習」は
きょうだいや友達と話し合わせるのもオススメ！

CASE 12

気持ちの切り替えが苦手な子

一見融通がきかないように見える子はもしかして……

一度へそを曲げると一日中黙り込んでしまったり、友達とケンカしたら何時間もずっとその友達の悪口を言い続けてしまったり。このような行動を取る子は、「融通がきかない」とか「わがままな子」に見えるかもしれませんが、**気持ちの切り替えが不得意なのが原因**かもしれません。

少し専門的な話になりますが、人間の感情が生まれる過程には、脳の中にある大脳辺縁系《だいのうへんえんけい》という部位が関係していると言われています。五感を通じて入ってきた外部の情報が認知の過程に入る前に「感情」というフィルターを通るので、**感情のコントロールを制御できないと、正常な認知過程にもさまざまな影響を及ぼします。**そうすると、物事を冷静に判断できなくなり、感情の切り替えがうまくいかないことも起こりえます。その結果、「カッとなって、相手を無視してしまう」「よくないとわかっているのに怒りが止められず、不機嫌になる」などの行動につながってしまうのです。

はた目からはわかりづらいかもしれませんが、**負の感情を引きずり続けるのは、子ども本人にとってもつらいもの。**本当は感情に流されずに冷静な行動を取ったほうがいいと本人もわかっているのに、自分では解決法が見当たらなくて一人で悩んでいるかもしれません。

友達とケンカしたら
何時間も悪口を
言い続けてしまう
気持ちの切り替えが苦手な子
へそを曲げると
一日中
黙り込んでしまう

Memo 気持ちの切り替えが苦手な子の背景とは？

感情の切り替えがうまくいかず、物事を冷静に判断できていないのかも……

さいしょにぶってきたのは
りーくんだからね。
そんでぶってないっていうそつく
あたしぜったいぶたれたし
ばーかとか
いって
きたし
きゅうしょく
ぶくろゴミばこにすてられたし
あいつちょーむかつく。りーくんの
おとうとなんかさ、ランドセルの
いろへんなの。ばかいろだよ
そんでね、

Point

気持ちの切り替えができず負の感情を引きずり続ける本人もつらいことを理解しましょう！

対応策

気持ちの切り替えが苦手な子

感情を切り替える3つのコツとは?

子どもが感情の切り替えが苦手な場合、ひとまず気持ちをクールダウンさせることが大切です。怒りを感じたらその場を離れたり別の楽しいことを考えたりなど、一人でも気持ちが落ち着く工夫を取り入れさせてみてください。

気持ちが落ち着いたなら、自分の感情を言語化して、一度客観視する習慣をつけてもらいましょう。「あの子に言われた言葉が悲しかった」「自分が悪者にされた気がしてつらかった」など言葉にしてみるほか、ノートや日記などに自分の気持ちを書き出してもらうのもいいでしょう。

また、何度も同じようなトラブルが起きる場合は、その事態が起こる前に自分なりの解決策を準備しておくことも大切です。

たとえば、学校などで、いつも友達とゲームを取り合いになってケンカに発展する場合、「先に友達に譲るほうがカッコいいかもしれない」と違う考え方を持ったり、「使う時間を分けたらどうか」など具体的な解決案を考えてみたりするという手段もあります。

さらに、**「仮にあなたが不機嫌なままだと周囲の友達がどんな気持ちになると思う?」と問いかけてみる**などして、自分の行動が与える影響を客観的に考える機会を設けると本人の気づきにもつながります。

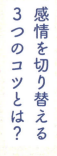

気持ちの切り替えが苦手な子の対応策

1. 自分の感情を言語化

言葉に出すのが
難しそうなら
ノートや日記に
書き出す！

2. 自分なりの解決策を事前に準備

3. 自分の行動が与える影響を客観的に考える

ぽーちゃんが不機嫌なままだと
まわりのおともだちが
どんな気持ちに
なると思う？

Point

ずっとはしゃいでテンションが高い子にも
場所を変えて気分転換させるのは効果的！

CASE 13

忘れ物が多い子

「自律性」と「ワーキングメモリ」

　忘れ物が多い子や整理整頓が苦手な子は多いもの。親が何度確認したり注意したりしても、なかなか改善されない場合は、**自分で考えて行動する力である「自律性」がまだ身についていないことが原因**かもしれません。自律性が身についていない場合、準備や片付けが苦手だったり、忘れ物が多くなったりしがちです。何をどう整理して持ってきたらいいのかが理解できていないので、「なんで忘れ物をしたの！」「なんで片付けられないの？」と親が聞いても、本人自身がなぜ忘れたのか、なぜ片付けられないのかを理解できていないことも多いのです。

　また、もうひとつの要因として考えられるのが、ワーキングメモリの弱さです。ワーキングメモリは、別名「作業記憶」とも呼ばれる能力で、何かの作業の際に一時的に記憶する力です。

　たとえば、人との会話を聞いて理解しながら次の会話の言葉を発したり、おつりの計算をしたり、文章を読みながらその内容を覚えて次の文章を読んだりするのも、ワーキングメモリが活用されます。メモリの容量が少ないと、**「部屋に何か取りに行っても忘れてしまう」「作業をしていても集中力が切れて別のことを始めてしまう」**などの困りごとが発生しがちです。

忘れ物が多い子

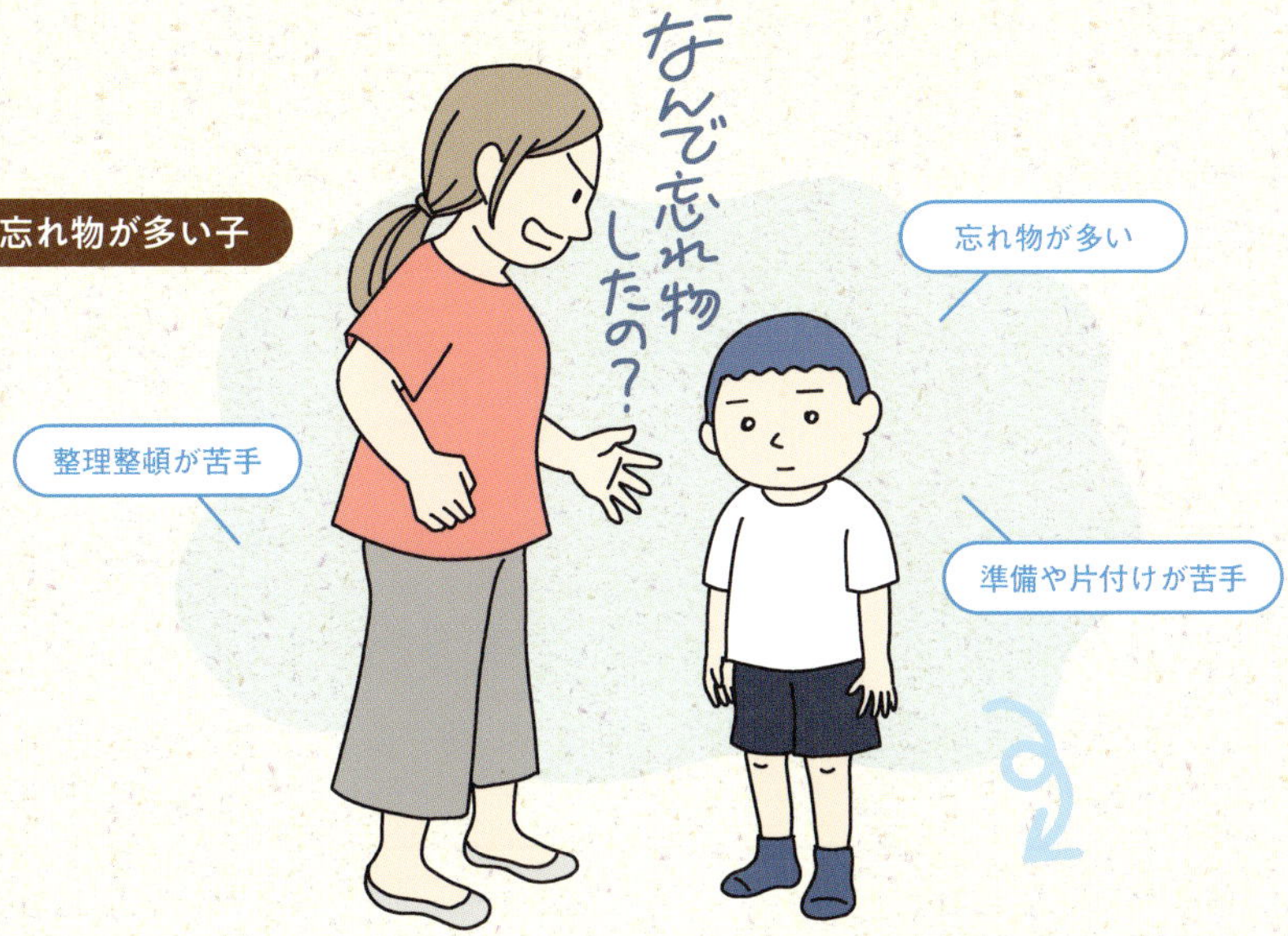
なんで忘れ物したの？
忘れ物が多い
整理整頓が苦手
準備や片付けが苦手

Memo

忘れ物が多い子の背景とは？

1.「自律性」が身についていない

2.「ワーキングメモリ」の弱さ

自律性	自分で考えて行動する力
ワーキングメモリ	何かの作業の際に一時的に記憶する力

Point

なぜ忘れ物をしてしまうのか本人もわからないことが多いので責めすぎないように！

対応策

忘れ物が多い子

まずは持ち物の優先順位を決めさせよう

忘れ物が多い子に**「どうして忘れ物をするの！」**と強く叱ったとしてもその場では反省しますが、忘れ物自体はなかなか減らないでしょう。

また、**「忘れ物をしないようにしよう」**と漠然とした目標だけを立てても忘れ物をしていないかどうかだけが気になって、具体的な対応策には発展しづらい傾向があります。**まず、できることとして「今日はこれだけは持っていこう」と持ち物の優先順位を決めることです。**たとえば、持ち物に「①絵具セット（今日の図工の授業で使うから）」「②給食セット（万が一忘れても貸し出し品で対応できる）」「③習字セット（授業が明日だから先に持っていく）」など と優先順位をつけてみると、一番大事な物を忘れる頻度は低くなるはずです。なお、一度に全部持っていけるはずだと期待しすぎないことも肝心です。

あとは、本人に「自分は忘れ物をしやすいタイプだ」と自覚してもらうことも重要です。そのうえで、用意するものを一覧にして前日に一緒に確認したり、忘れそうな物をメモや付箋に書いて玄関に貼っておいたりして対策しましょう。学校の先生にも、「この子は忘れ物しやすいです」と伝えておき、頻繁にリマインドしてもらうなどのサポートをお願いしましょう。

忘れ物が多い子の対応策

1. 持ち物の優先順位を決める

一度にすべて
持っていくことは
期待しない！

2. 「忘れ物をしやすいタイプ」と自覚させる

3. 学校の先生に「忘れ物をしやすい子」と伝える

すべて親が管理する
わけにはいかないので
学校の先生にも
協力してもらおう！

「一日一個これだけは必ず持っていく」など
小さな目標から始めるのもいいでしょう！

CASE 14

じっとしていられない子

ＡＤＨＤの代表的な３つの症状とは？

黙って座っていられずに、授業中などでも立ち上がってしまう。席に座っていても、足をぶらぶら動かしたり、ちらちらとよそ見をしてしまったりして、５分とじっとしていられない。

そんな特性がある場合、「ＡＤＨＤ（注意欠陥多動症）」が疑われることが多いです。ＡＤＨＤの代表的な３つの症状としては、物事に集中できずに忘れ物が多い「不注意」や、落ち着きがなくてじっとしていることが苦手な「多動性」、思いついた行動を突発的に行ったり、順番待ちをするのが苦手だったりする「衝動性」が挙げられます。ただ、まだ小さい子の場合は、不注意で多動なのは当たり前なので、年齢とともに行動が落ち着く可能性も十分にあります。

ＡＤＨＤ以外の要因としては、「授業の内容に興味が持てず、今何をやるべきかという目的自体がわからなくなってしまった」という原因も考えられます。特に、子どもは外からの刺激が多いと、なかなか集中しづらい傾向もあります。授業中は集中力がない子であっても、大好きなゲームや読書などであれば、何時間でも集中して取り組むことができるのであれば、授業に取り組む際の意識を工夫するだけで、状況は改善されるかもしれません。

じっとしていられない子

Memo じっとしていられない子の背景とは？

1. ADHD（注意欠陥多動症）の疑い

- 不注意 ⇨ 物事に集中できず、忘れ物が多い
- 多動性 ⇨ 落ち着きがなく、じっとしていることが苦手
- 衝動性 ⇨ 思いつきで突発的に行動したり、順番待ちが苦手

2. 授業内容に興味が持てず、何をやるべきか
わからなくなってしまっている

「じっとしていられない子＝ADHD」という
わけではないので注意が必要です！

対応策

じっとしていられない子

目の前の物事に集中できるよう工夫をしてあげる

対策として、まずは目の前の物事に集中できるように工夫してあげることが大切です。勉強に集中できない子の場合は、**文字だけではなく視覚的にアピールするような教材やクイズ形式の問題**などを取り入れてみて様子を見てみましょう。その他、座って勉強するのが苦手なのであれば、算数の勉強をする際に「お店屋さんごっこ」を取り入れるなど、**身体の動きを取り入れた勉強時間**をつくるのもいいでしょう。

なお、子どもは音をはじめとする外からの刺激があると集中力が下がる傾向があります。**動き回りがちな子には、勉強時は集中しやすいようになるべく静かで落ち着いた環境**をつくってあげましょう。立ち歩いたり、集中力がなかったりすることを頻繁に注意すると、勉強自体が嫌いになってしまうので注意してください。

授業中に集中力が見られない場合は、教室がどんな環境にあるのかも確認してみましょう。たとえば、教室が運動場に面している場合は、外で他の生徒たちが運動している様子などに気を取られて集中力が欠けてしまう可能性があります。教室環境の質は子どもの学習効率に影響を与えやすいため、**学校の先生にも特性を伝え、長期的な対策を相談**してみましょう。

じっとしていられない子の対応策

1. 視覚的にアピールする教材を使う

クイズ形式の問題を
取り入れるのも
いいでしょう！

2. 「身体の動き」を取り入れる

算数の勉強には
「お店屋さんごっこ」
がオススメ！

Point

低学年の子で多動性や衝動性が目立つ場合も
高学年になると落ち着くことが多いです！

CASE 15

行動が遅い子

行動が遅いから甘えていると決めつけてはいけない

移動教室や遠足などで先生から「移動してね」「着替えてね」と声をかけられても、すぐに行動に移れない。そのため、集団行動で悪目立ちしてしまう子も少なくありません。

このような子に対して、「甘えているのかな？」などと考えがちですが、声をかけられてもすぐ行動できない子にはさまざまな背景が隠れています。

まず、ひとつ考えられる要因は「聞く力が弱い」という点です。たとえば、学校の先生が「国語の教科書の30ページを開いて、3番目の例文を読んでみましょう」と指示した場合、聞く力が弱い子だと「国語の教科書を開いて」という指示ぐらいしか聞き取れないことがあります。その場合、情報が上手に理解できず、やるべきことに行動が移せなくなってしまいます。

また、**不安が強い子や慎重な子は、新しい行動に慣れるまで時間がかかる**ので、それが要因になっている可能性もあります。その他、**「集中力が途切れている」「わからないけれども恥ずかしいから質問できない」**などの理由も考えられます。すぐに行動に移らない子に対しては、まず保護者がその様子を観察し、その背景に隠れている原因にはどんなものがあるのかを探っていくことを心掛けてください。

Memo 行動が遅い子の背景とは？

1. 聞く力が弱い
2. 不安が強かったり、慎重な性格
3. 集中力が途切れていたり、わからなくても恥ずかしくて質問できない

Point

行動が遅い原因は1つではないのでよく観察しその子の背景や特性を見逃さないように！

対応策

行動が遅い子

頭ごなしに注意するのは逆効果！

子どもがすぐに行動しないからといって頭ごなしに注意すると子どもが不安で固まってしまうので、特性に合わせた対応策を取ることが肝心です。

たとえば、子どもにとって初めてのことや少し複雑なことを伝える場合は、できるだけゆっくりと丁寧に伝えることで、子ども側が行動の内容を理解する度合いがアップします。言葉で理解するのが苦手な子の場合は、**ビジュアルで理解してもらうためにイラストなどで説明する**のもいいでしょう。「今日は体操着を学校に持っていってほしい」という日であれば体操着のイラストを目につく場所に貼ると、記憶にも残りやすくなります。

また、行動に移れずにいる子どもの不安を減らしてあげるために、**学校の先生にも保護者が把握している特性を事前に共有**しておいてもらいましょう。保育園や幼稚園での様子や乳児期からの発達の様子なども伝えておくとなおいいです。特性を伝えておけば、学校で子どもが何をしていいのか理解していなさそうなときは声かけをお願いしたり、黒板などにやるべきことを書いてもらって子どもが状況を随時確認できる環境をつくったりしてもらうなど、子どもの不安を減らす工夫を導入してもらえるはずです。

行動が遅い子の対応策

1. 初めてのことや複雑なことはゆっくりと丁寧に伝える

2. イラストなどで説明する

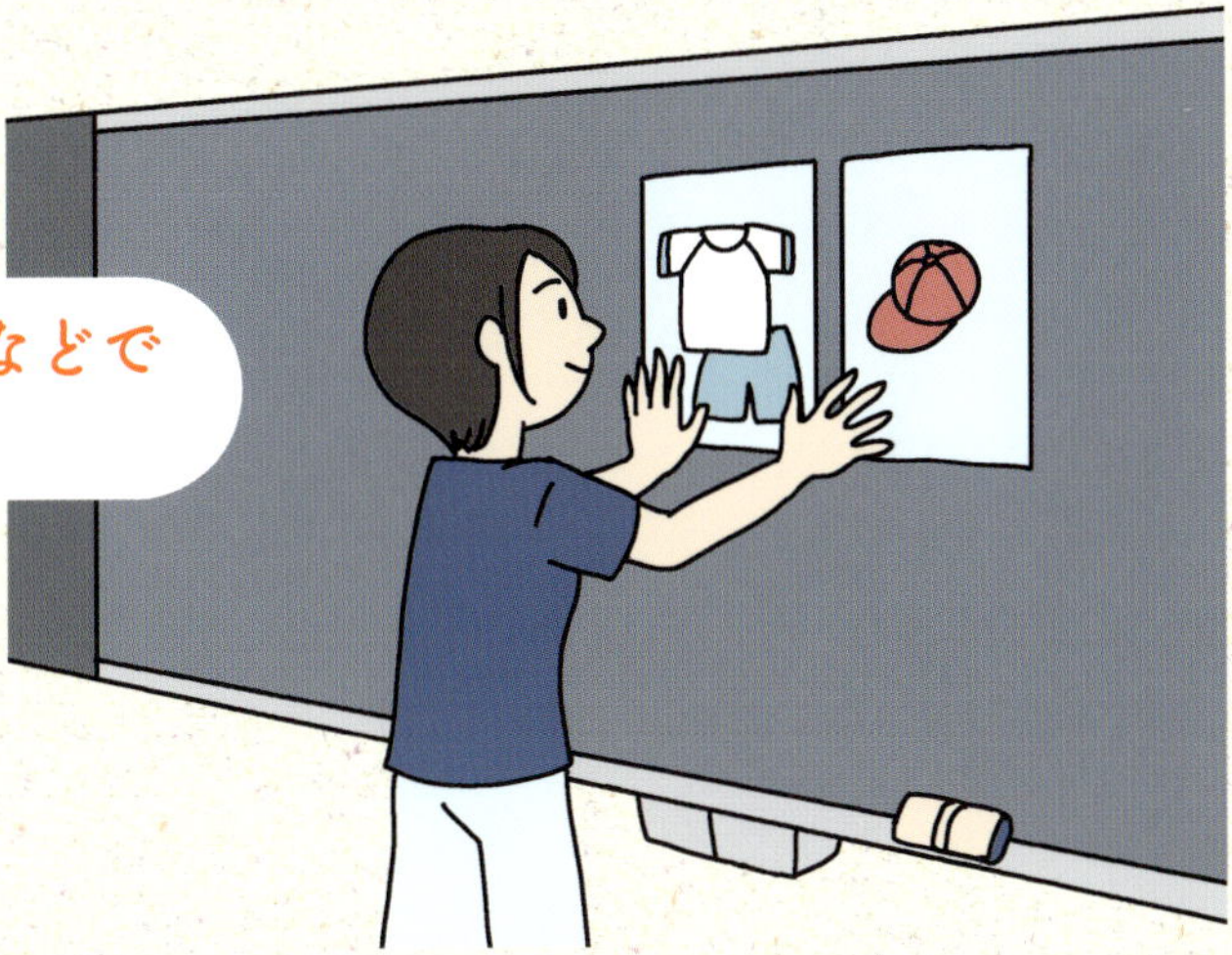

罰を与えたり叱るのではなく子どもの不安を取り除く方法を考えてあげてください！

CASE 16

善悪の判断ができない子

小学生にとって動物はペットでなく友達

　普段は良い子なのに怒りを感じたとき、物に当たったり投げたりと過激な行動を取ってしまう子は決して少なくありません。なかには、道端にいるカエルを踏みつぶしたり、犬や猫に石を投げたりと動物虐待につながるような行動を取る子もいます。

　幼少期であれば物事の善悪がつかずにそうした行動を取ることがあるかもしれませんが、**小学生くらいになっても犬や猫、ウサギなどの動物に危害を加える子には少し注意が必要です。**

　たとえば、みなさんが小学生くらいの頃、犬や猫、ウサギなどの動物に対して、どのような感情を抱いていたでしょうか？　大人であれば、「かわいいペット」などとしてとらえるかもしれませんが、小学生くらいの子にとって動物は大切な友達と同じような存在です。そう思っている子が動物を虐待するのは、友達に暴力をふるうのと同じくらいの意味があります。

　これらの行為を行う背景には、日常的に子どもが何かしら強いストレスを感じている可能性も考えられます。自分の感情を解消できないがゆえに、八つ当たりの手段として自分よりも弱い動物を攻撃したり友達をいじめたりという行為に発展しているケースもあります。

Memo　善悪の判断ができない子の背景とは？

Point

「乱暴な性格」で片付けるのではなく過激な行動を取る理由を考えましょう！

対応策

善悪の判断ができない子

子どもに動物への虐待行為などが発覚したら……

ご自身のお子さんに動物への虐待行為などが発覚した場合、「どうしたらやめさせられるのか」と具体的な対処法ばかりを考えてしまいがち。

ですが、これらは性格の問題というより発達の問題や感情の問題、考え方の問題など、さまざまな要因が複雑に入り交じっています。

目に見える事象だけで安易な診断を下すのではなく、できるだけ丁寧に観察していくことが求められるでしょう。

たとえば、生まれつきの障害が関係している可能性がありますし、友達からのいじめで心が不安定になっているのかもしれません。また、偶然家庭で両親のケンカを目撃してしまい、強い不安を抱いたことが要因になっている可能性もあります。

まず、保護者としては**家庭で子どもが安心して過ごしてくれるように努めたうえで、学校での様子を知るために先生とも連携して情報共有し**ておきましょう。

なお、動物への虐待については、仮に同じような状況が思春期になっても続く場合は、**人や動物への攻撃性や故意に他人の所有物を破壊したり、虚偽の言動や窃盗などを繰り返したりする「素行障害」の疑い**も考えられるので、専門機関への相談も検討してください。

善悪の判断ができない子の対応策

先生と連携して
学校の様子も
共有しよう！

家庭で子どもが安心して過ごせるように努める

動物への虐待が思春期になっても続く場合……

「素行障害」の疑いがあるので専門機関へ相談しましょう。

素行障害

人や動物に対する攻撃性、故意による他人の所有物の破壊、虚偽や窃盗などが反復し持続する行動様式

発達の課題、感情の問題、考え方の問題が
複雑に混ざっているので背景を見極めよう！

CASE 17

漢字が苦手な子

理解力はあるのに漢字を書くのが苦手なワケ

他の子に比べて成績が悪いわけでも、理解力がないわけでもないのに、まるで文字の形をなしていないような漢字を書く子がいることもあります。

そんな子どもたちは、目から入ってくる情報、すなわち視覚認知に問題を抱えている可能性が考えられます。

視力自体は正常であっても、視覚認知に困難があると、形や文字を正確に認識できず、文字を覚えるのが困難になることがあります。文字の中でも特に複雑な形をしている漢字については、お手本を見ながら書き写すことにも難しさを感じてしまうことが少なくありません。

認知機能は学習の土台になる、運動でいえば基礎体力のようなものです。認知機能が弱い子の場合は、見たり、聞いたり、集中したりといった学習の土台が安定しないケースも起こりえます。土台が安定していないのに、漢字ドリルや計算などを続けても学力が定着しづらいのは当然のこと。

運動にたとえるなら、基礎体力がない子に球技や跳び箱を練習させても、なかなか身につかないのと同じです。しかし、やみくもに努力したものの**成果が出ない状態が続けば、子どもも自信を失い勉強に興味を失うリスク**も生まれてしまいます。

漢字が苦手な子

Memo

漢字が苦手な子の背景とは？

視覚認知に困難が
あるかもしれません……

「認知機能」が弱いと学力は定着しづらい……

国語　算数　理科　社会　英語

①記憶　②言語理理解　③注意　④知覚　⑤推論・判断

＝

認知機能（学習の土台）

Point

視覚認知に問題があると図形の理解や黒板の文字を書き写すのが困難な場合もあります！

対応策

漢字が苦手な子

視覚認知がアップするトレーニングとは？

お子さんの漢字の書き取りなどに不安を感じる場合、まずは視覚認知が正常かどうかを確かめるため、**「丸（〇）」「三角（△）」「バツ（×）」「ひし形（◇）」などの基本的な図形を見せて、紙に描き写しをしてもらいましょう。**

もしそのときに子どもの描いた図が図形として形を成していないようであれば、視覚認知に何かしら問題を抱えている可能性もあります。

正確に図形や文字を写すことができない場合、それを記憶して覚えることにはもっと困難を感じているはずです。

その場合は、視覚認知を鍛えるトレーニングを実践してみてください。

オススメは、見本を見ながらたくさんの点をつなぐ「点つなぎ」や模写です。

見本を正確に写すことで、視覚認知の基礎力が鍛えられます。その結果、漢字を書き写す作業や丁寧に文字の特徴をとらえる力にもつながります。

また、直線を書くことはできても曲線が苦手だという子も中にはいます。

ひらがななど曲線の多い文字に対応するためにも、点と点の曲線に線を引く「曲線つなぎ」を活用してもいいでしょう。

漢字が苦手な子の対応策

step1

○△◇などの
簡単な図形の描き写し

⬇ 子どもが描いた図形が形を成していなければ……

step2

視覚認知をアップする
トレーニング

見本を見ながら点をつなぐ
「点つなぎ」や模写が
オススメ！

図形の描き写し、点つなぎ、模写、曲線つなぎの結果でつまずいている点がわかります！

CASE 18

計算が苦手な子

「数」に苦手意識がある子が未熟な部分とは？

小学2年生以上なのに小学1年生で習うような簡単な足し算や引き算の計算が指を使わないと答えられない。数や量が大きい問題や繰り上がりの問題が出ると間違えてしまう。このように**「数」に対して苦手意識がある子は、数の概念化が未熟な段階**にあるのかもしれません。

数の概念には、順序を表す**「序数」**と、個数や量を表す**「基数」**の2種類があります。序数は「前から3番目」「後ろから2番目」というように「何番目」という数を表す概念です。一方、基数は「みかんが3個」「バナナが3本」などという「何個あるか」といった数の概念を示すものです。両者の数の概念は別々に発達するのですが、これらの概念がきちんと確立されていないと、年々計算が苦手になっていく傾向があります。

現段階で計算が苦手だという子は、2つのどちらか、あるいは両方の概念が獲得できていない可能性があります。「1＋2」「5＋2」などの基本的な計算は、授業での反復などでできるようになりますが、**扱う数が大きくなった場合、数の概念化が未熟だと間違えてしまうこともあります。**

数の概念化は算数の基礎体力のようなものなので、概念が未発達の状態で計算力を鍛えるのはなかなか難しいでしょう。

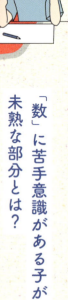

Memo 計算が苦手な子の背景とは？

「序数」と「基数」の概念が
獲得できていないかもしれません。

序数

「前から３番目」「後ろから２番目」というように「何番目」という数を表す概念。

基数

「みかんが３個」「バナナが３本」など「何個あるか」という数を表す概念。

数の概念を獲得できていない子に計算ドリルを無理にさせてもあまり意味がありません！

対応策

計算が苦手な子

発達レベルにあった課題を解かせよう

お子さんが簡単な計算が苦手な場合、**その発達段階を知るために、数に関する簡単な問題**を解いてみてもらってください。たとえば、下のような図を見せて「前から4番目の人に」「2番目に長い棒を渡しましょう」と聞くと、その答えで序数を理解しているかがわかります。また、「複数の星の中から5個ずつ丸で囲む」「10個のおはじきから6個を取り出す」などをやってもらうと、基数を理解しているかがわかります。

もし数の概念に対して不安が見られるようなら、まずは**数の概念を獲得させることが先決**です。無理に背伸びをした問題と向き合うのではなく、**発達レベルにあった課題を解く**ほうが子どもの計算理解が進んでいきます。

また、日常生活においても、「クッキーが12個あるから3個食べていいよ」「この駅は何駅目だと思う?」「いま列に並んでいるけど何番目?」などと問いかけてみると少しずつできることが増えていって、子どもの自信にもつながるはずです。

『困っている子を見逃すな マンガでわかる境界知能とグレーゾーンの子どもたち2』(扶桑社)より

計算が苦手な子の対応策

数の概念の獲得不安が見られる場合……
発達レベルにあった課題を解かせる！

「前から3番目はどれ？」という練習や「20個から7個を取り出す」などの練習がオススメ！

日常生活でも問いかけてみよう！

クッキーが12個あるから3個たべていいよ

この駅は何駅目かな？

Point

「JACOGT」のHP（https://cog-tr.net/）で認知機能強化トレーニングをチェック！

CASE 19

手先が不器用な子

「発達性協調運動症（DCD）」とは？

大人でも子どもでも手先が不器用な人や細かい作業が苦手な人は少なくありません。でも、度を越して手先が不器用な場合、**「発達性協調運動症（DCD）」**の可能性もあります。

協調運動とは、手や指、足、目などの機能が協力し合って、同時に別々の動作を行う運動のこと。たとえば、お皿を洗う動作は、片手ではお皿が落ちないようにつかみつつ、もう片方の手ではスポンジなどでお皿をこすって洗い上げるという高度な協調運動によって成り立っています。DCDがある子の場合は、この協調運動がうまくできないため、「ボールを投げる・受け取る」といった身体の大きな動きに加えて、「ハサミで紙を切る」など指先の細かい動作が苦手な傾向にあります。**なお、6～11歳の年代の子どもで、DCDのある子の割合は約6％、約100人に6人ほど存在するとされています。**

かつてDCDは成長すると自然消滅すると考えられていましたが、大人になっても持続する例は多く見られます。さらに、不器用さから、運動やスポーツが苦手になったり、自尊心の低下や不器用さゆえに周囲からイジメの原因になったりすることもあります。兆候が見られる場合は、早めの対策を取ることが望ましいです。

Memo 手先が不器用な子の背景とは？

極端に手先が不器用な場合、
「発達性協調運動症（DCD）」の可能性があります。

発達性協調運動症（DCD）

手と手、目と手、足と手など複数の身体部位が協力し合って、同時に別々の運動を行うのが苦手なこと。

→ 「片手でお皿を持って、もう片方の手ではスポンジでお皿を洗う皿洗い」や「全身を使ってボールを投げる運動」などが苦手

Point

DCDの場合、幼児では歩き方がぎこちなかったり小児ではよく物を落としたりします！

手先が不器用な子

指先だけでなく全身のトレーニングをしよう

DCDの場合、身体全体の使い方が影響して、手先の不器用さを生み出している可能性があります。**改善するには、指先だけではなく全身のトレーニングを行うと効果的です。**

まず、確認していただきたいのが「姿勢はしっかりとしているか」「身体の土台は整っているか」など。たとえば、筋肉の緊張が弱くて、**常にお腹が出るような姿勢を取る子は、筋肉の調整機能に問題があるがゆえに適切な力の入れ方がうまくいっていない可能性**もあります。

筋力の弱さが手足の動きに影響することもあるので、筋肉に中程度の力を込め続けられるよう意識すると全身のバランスの改善に効果があります。また、背中と脚でV字形をつくる**「V字腹筋」**で筋肉を鍛えるのもいいでしょう。

姿勢や身体の土台を整えるのと同様に、**指先のトレーニング**も継続的に行いましょう。例としては、ハサミを使って新聞紙をひも状になるように細かく切ってみる、テニスボールなど不安定なものを2段積んでみるなどがオススメです。

その他、「コグトレ」プログラムには身体的不器用さを改善し、強調運動を円滑に行うための認知作業トレーニングも用意されています。関心のある方は、ぜひ挑戦してください。

手先が不器用な子の対応策

1. 全身のトレーニング

背中と脚をVの字に
する「V字腹筋」で
筋肉を鍛える！

2. 指先のトレーニング

ハサミを使って
新聞紙をひも状になるよう
細かく切ってみる！

Point

片足でつま先立ちし両手を広げて手のひらで
ボールを回す全身トレーニングもオススメ！

CASE 20

力の加減ができない子

ボディ・イメージがうまくいっていない……

友達や家族の身体を強く叩いてしまったり、モノを乱暴に扱ってすぐ壊してしまったり……。「もうしないでね」と注意してもなかなか改善されないお子さんの場合、もしかしたら「ボディ・イメージ」がうまくいっていないのかもしれません。

人の筋肉には「固有受容感覚」と呼ばれる、筋肉や関節を動かすときに感じるセンサーのような機能が備わっています。そのセンサーがうまく働いていないと、自分が意識した力の感覚がうまく運動へとフィードバックされないために適切な「ボディ・イメージ」を確立することができず、つい強い力を込めてしまうことがあります。自動車にたとえるならば、アクセルをどの程度踏めばどのくらいのスピードが出るのかが調整できず常にアクセル全開にしてしまうのです。

その結果、本人に悪気はなくても、力加減ができずに物を壊したり、他人を傷つけたり、「叩いた・叩いてない」などの誤解から周囲とのコミュニケーションに齟齬《そご》が生まれやすくなったりする可能性もあります。

その他にも、将来、身体を使った仕事に携わる際、力加減ができないことが障壁になってしまうリスクもあるので早めに対策を取っておきましょう。

ばちーん！
物を乱暴に扱って
すぐ壊してしまう……
よっ！
他人の身体を必要以上に
強く叩いてしまう……
いってぇ…

力の加減ができない子

Memo

力の加減ができない子の背景とは？

「固有受容感覚」がきちんと働いておらず、力の加減がうまくできないのかもしれません。

なんでそんなに
強く叩いていないのに
怒られたんだろう

「固有受容感覚」とは？

筋肉や関節を動かすときに感じるセンサーのようなもの

Point

固有受容感覚がうまく働いていないと目を閉じたとき身体のパーツの場所の把握が困難になります！

対応策

力の加減ができない子

トレーニングで力の加減を学ぼう

自分の力の強さが認識できていない子には、力加減を学んでもらうことが大切です。

まず、**挑戦してほしいのがお子さんにとっての全力を知ること**です。やり方としては、手のひらを壁に向かって押し付けて全力で押す**「壁押し」**などが効果的です。一度全力で壁を手のひらで押した後は、徐々に力を抜いていきましょう。このとき、単に力を抜くのではなく、最初に全力で壁を押していた力を5段階中の「5」として、「4の力で押してみて」「2の力で押してみて」などと、段階を付けて力の加減を覚えてもらいましょう。壁押しの次は、子どもと二人で向き合って、同じように徐々に段階を踏んで手に込める力を抜いていく練習もオススメです。相手が手に込める力を感じることで、客観的な力の強さを認識できます。

続いて、自分の力加減を視覚で確認できるのが、**紙粘土を使ったトレーニング**です。紙粘土は握った力の分だけ粘土の形が変形するので、自分がどれだけ力を込めたかが目で見てわかりやすいので、段階が認識しやすいのが特徴です。その他、力を入れるタイミングや方向を学ぶため、友達何人かに協力してもらって**座った状態から背中を合わせて、バランスを取りながら一緒に立ち上がる練習**もいいでしょう。

力の加減ができない子の対応策

1. 手のひらを壁に向かって押し付けて全力で押す「壁押し」

一度全力で壁を押した後は、
徐々に力を抜いて
いきましょう！

2. 力加減を視覚で確認できる紙粘土を使ったトレーニング

紙粘土の変形具合で、
自分がどれだけ力を込めたかが、
目で見てわかります！

まずは子ども自身に「全力ってこのくらいだ！」
と自覚してもらうことが大切です！

宮口幸治（みやぐち・こうじ）

立命館大学教授。2016年より現職。（一社）日本COG-TR 学会代表理事。医学博士、臨床心理士。京都大学工学部を卒業後、建設コンサルタント会社に勤務。その後、神戸大学医学部を卒業し、児童精神科医として精神科病院や医療少年院、女子少年院などに勤務。著書に、2020年度の新書部門ベストセラーとなった『ケーキの切れない非行少年たち』（新潮新書）、『マンガでわかる 境界知能とグレーゾーンの子どもたち』シリーズ、『マンガでわかる! 境界知能の人が見ている世界』（扶桑社）などがある。

構成　藤村はるな
ブックデザイン　塚原麻衣子
イラスト　石玉サコ

イラスト図解

境界知能&グレーゾーンの子どもの育て方

発行日　2024年9月30日　初版第1刷発行

著者 ……………………… 宮口幸治
発行者 …………………… 秋尾弘史
発行所 …………………… 株式会社 扶桑社
〒105-8070 東京都港区海岸1-2-20 汐留ビルディング
電話：03-5843-8842（編集）
03-5843-8143（メールセンター）
www.fusosha.co.jp
印刷・製本 ……………… タイヘイ株式会社　印刷事業部

ISBN978-4-594-09870-4